AF328881

L'Enfer de Clement marot de cahors en Quercy varlet de chambre du Roy.

Ité aulcunes ballades & rôdeaux. Item la prinse dudict Clement Marot.

Item pareillement sont a la fin les Cantiques de la Paix par ledict Marot.

Imprime Nouuellement.

Estienne Dolet

A Lyon Jamet. Salut.

Epuis peu de temps (Jamet a tout iamais louable) Voulãt mettre en lumiere soubz mon impressiõ toutes les Oeuures du tien/& mien amy Clemẽt Marot (des louanges duquel ie ne tiendray icy plus long propos/car elles sont asses cõgneues par toute l'heur)ie me suis mis à recouir tout ce q̃ desia auoit este imprime de luy:& recueillir tout ce: qui se pourroit recouurer entre eulx:aussitost il faict part(en tesmoignage damytie)de ses labeurs:& compositions. Entre aultres chose iay trouue sõ Enfer nõ encores imprime: sinon en la Ville Deuers. Et pource quen le lisant icy trouue fõe scãdale enuers Dieu:& la Religiõ & de toucher aulcunemẽt la maieste des Princes (q̃ sont les deux poincte:q̃ sur tout doibt obseruer vng Autheur desirãt ses Oeuures estre publices & receues tant en son pays:quen nations estran gees)& q̃ pareillemẽt il ne blesse en nõ expres lhõ neur daulcun:pour ces raysons iay concludq̃ la publication de si gentil Œuure estoit licite/(pmise:(z me suis myb apzes pour limpzimer en la plus belle forme:(z auec le pl' grand aoznement ql ma este possible. Car tu ne scauroys pēscr:q te trouue cest Œuurage digne destre leu:tāt pour linuction singuliere:q pour ses descriptions mer ueilleuses:qui y sont:pour les bōs enseignemēts aussi:qui si trouuēt: comme quand il admōneste les ieunes gens de se garder de Vice:(z de ne pmet tre cermes:q les puissēt pcipiter aux miseres/(z ca lamites de puiss. Plusieurs aultres enseignemēte y a dignes destre leue/(z releus non seulemēt des ieunce:mais biē aussi de toutes psōnes de bon/et meur iugement. Que pleust a Dieu:q la descri, ption de cest horrible mōstre:Procees/laqlle est en ce petit liuret:fust biē entēdue:(z repceue. Il est cer tain:q lon ne Voyrroit tant dinnimyties:(z rācu/ nee(chose totalemēt ptremenāte a la Loy de dieu) entre les Chzestiēs:ny tant de destructions:(z rui nes de plusieure bonnes matsone.(z familles.

Voyla le proffit:que lon peult pzēdze en ceste Poeste Marotine::en laquelle te ne trouue riē scā Valeup: ou repzehēsible::sinon q queleques gens chatouilleup des ozeilles:ou possible est)pleins de trop grāde arrogāce se Voulussēt attribuer aulz

cuns paſſages de ceſt Œuure:comme ſe ſeſlantz
pinſez ſans rire.Mais de tout cela il nen eſt rien
ains tout le diſcours ſe faict par la cõmodite de
largumēt/reprēſētant les choſes/qui peuuēt aſ/
uenir/ou eſchoir en tel cas.Tel effort deſprit doit
eſtre libre:ſãs aulcun eſgarð:ſi gēs mal pēſantz
ßeulēt calũnier:ou reprimer ce/qui ne leur appar
tient en rien.Car ſi ßng Autheur a ce tintoin en
la teſte/que tel/on tel poinct de ſon Œuurage ſe/
ta interprete ainſi/ou ainſi par les calũniateurs de
ce Monðe/iamais il ne cõpoſera rien/qui ßaille.
Mais(cõme iay dict cy deſſus)moyēnant que la
Religion ne ſoit bleſſee:ny lhõneut du Prince at/
tainct/ɛ q̃ aulcun ne ſoit gratte(encoɛes quil ſoit
toigneup)apertemēt(cõme par nom/ou ſurnom)
le demeurãt eſt tolerable:ɛ ne fault par apɛes que
laſcher la bɛiðe a la plume:ou aultremēt ne ſe meſ
ler deſcripɛe.Car ſi tu cõpoſes a lopinion ðaul/
truy:tu te trouuɛas froið:cõme glace/ɛ myeulp
ßaulðɛoit te repoſer.Ceſt trop eſcript a toy de tel
le choſe (amy Jamet) a toy: qui entenðe trop
myeulp cela:que moy meſmes.A dieu doncq.
De Lyon ce pɛemier iour de lan de grace.
Mil cinq cens quarante/ɛ ðeup.

L'enfer De Clement Marot De

Cahors en Quercy / Varlet de chambre du Roy
Compose en la prison de Laigle de Chartres
& par luy enuoye a ses amys.

Omme douleurs de nouuel amassees
Font souuenir des lyesses passees:
Ainsi plaisir de nouuel amasse
Faict souuenir du mal qui est passe.
Je dy cecy: mes treschers Freres: pource
Que lamytie: la chere non rebourse.
Ces passetemps / & consolations.
Que ie recoy par Visitations
En la prison claire / & nette de Chartres.
Ce font recorps des tenebreuses chartres.
Du grans chagrin: & recueil ors: & laid:
Que ie trouuay dedans le Chastellet.
Si ne croy pas / quil y ait chose au monde
Qui myeulx ressemble Vng Enfer tresimmonde
Je dy Enfer: & Enfer puys bien dire:
Si fallez Veoir: encor le Voirrez pire.

Aller helas:ne Vous y Vueillez mettre:
Jayme trop myeulx le Vous descrire en mettre.
Que pour le Veoir aulcun de Vous soit mys
En telle peine. Escoutez doncq Amys.
   Bien auez leu/sans quil sen faille Vng Al
Comme ie fus par linstinct de Luna
Mene au lieu plus mal sentant/que soulphre:
Par cinq:ou six ministres de ce gouffre:
Dont le plus gros iusques la me transporte.
   Si rencontray Cerberus a la porte:
Lequel dressa ses troys testes en hault:
A tout le moins Vne:qui troys en Vault.
Lors de trauers me Voit ce Chien poussif:
Puis ma ouuert Vng huys gros:a massif:
Duquel lentree est si estroicte:a basse:
Que pour entrer fatllut que me courbasse.
   Mais ains:que feusse entre au gouffre noir/
Je Veoy a part Vng aultre Vieil manoir
Tout plein de gens:de bruict:a de tumulte:
Parquoy auec ma Guyde ie consulte:
En luy disant:Dy moy:sil ten souuient:
Dou:a de qui/a pourquoy ce bruict Vient.
   Si me respons. Sans croyre le rebours:
Saiche:quicy sont Denfer les faulxbourgs/
Du bien souuent festicue ceste feste:

Laquelle soit plus rude:que tempeste/
De lestomach de ces gens/que tu voís/
Qui sans cesser se rompent teste:& voíx/
Pour appoincter faulx:& chetifz Humains/
Qui ont debatz:& debatz ont Heu maínctz.

    Hault deuant eulx le grand Minos se sied/
Qui sur leurs dictz ses sentences assied.
Cest luy:qui iuge:ou condampne:ou deffend/
Du taire faict:quand la teste luy send.

    La les plus grandz les plus petitz destruisent
La les petitz peu/ou poinct:aux grandz nuisent
La trouue lon facon de prolonger
Ce:qui se doibt:& se peult abreger/
La sans argent paourete na raison:
La se destruict mainte bonne maison/
La biens sans cause en causes se despendent
La les causeurs les causes sentreuendent/
La en public on manifeste:& dict
La mauluaistie de ce monde mauldict/
Qui ne scauroit soubz bonne conscience
Viure deux iours en paix:& patience/
Dont iay grand ioye auecques ces mordantz
Et tant plus sont les hommes discordantz/
Plus a discord esmouuons leurs couraiges
Pour le proffit:qui vient de leurs dommaiges/

Car son viuoit en paix/comme est mestier:
Rien ne vauldroit de ce lieu le mestier:
Pource quil est de soy si anormal:
Quil fault expres:quil commence par mal
Et que quelcun a quelcque aultre mefface.
Auant que nul iamais proffict en face.

Brief en ce lieu ne gaignerions deux pommes
Si ce nestoit la mauluaistie des hommes
Mais par Pluton le Dieu:que doibz nommer:
Mourir de faim ne scaurions:ne chommer:
Car tant de gens:qui en ce parc sassaillent
Assez/et trop de besongne nous taillent:
Assez pour nous/quand les biés noz en viennent:
Et trop pour eulx:quãd pauures en deuiennēt.
Ce nonobstant/o nouueau prisonnier:
Il est besoing de pres les manier:
Il est besoing(croy moy)et par leur faulte:
Que dessus eulx on tienne la main haulte
Ou aultrementles bons bonte fuyroient
Et les mauluais en empirant iroient

Encor(pour vray)mettre on ny peult tel ordre
Que tousiours lung lautre ne vueille mordre
Dont raison veult:quainsi on les embarre
Et quentre deux soit mis distance:et barre:
Comme aux Cheuaulx/en lestable hargneux.

Minos le iuge est de cela soigneux.
Qui deuant luy/pour entendre le cas.
Faict deschiffrer telz noisifz altercas
Par ces crieurs:dont lung souftient tout droict
Droict contre tort:lautre tort contre droict/
Et bien souuent par cautelle subtille
Tort bien mene rend bon droict inutille.
    Prends y esgard:& entends leurs propos:
Tu ne veis oncq si differents suppostz.
Approche toy pour de plus pres le veoir:
Regarde bien:ie te fais assauoir:
Que ce mordant:que lon oyt si fort bruyre:
De corps:& biens veult son prochain destruire.
Le grand criart/qui tant la guelle tort:
Pour le grand gaing tient du riche le tort.
Le bon vieillart(sans prendre or/ou argent)
Maintient le droict de maincte pauure gent.
Celluy/qui parle illec sans sesclatter:
Le Iuge assis veult corrompre/& flatter.
Et cestuy la/qui sa teste descoeuure:
En playderie a faict vng grand chef doeuure:
Car il a tout destruict son parentage.
Dont il est craint:& prise dadmantaige:
Et bien eureux celluy se peult tenir:
Duquel y veult la cause souftenir.

Lenfer.   B.

Amye: Voyla quelcque peu des meneurs
Qui aux faulxbourgs Denfer sont demenees
Par noz grandz loups rauissantz: & famys/
Qui ayment plus cent soulz: que leurs amys/
Et dont pour vray le moyndre: & le plus neuf
Trouueroit bien a tondre sur vng oeuf.
    Mais puis que tant de curiosite
Te meult a veoir la sumptuosite
De noz manoirs: ce/que tu ne vers oncques/
Te feray veoir. Or scaiches/ Amy: doncques
Quen cestuy parc:ou ton regard espends/
Vne maniere il ya de Serpentz/
Qui de petitz viennent grandz: & felons/
Non poinct vollátz: mais traynnátz: & bié longs
Et ne sont pas pourtant Couleuures froides/
Ne Verds Lezards: ne Dragons fortz: & roydes:
Et ne sont pas Cocodrilles infaicts/
Ne Scorpions tortutz:& contrefaicts/
Ce ne sont pas Vipereaulx furieux/
Ne Basilics tuantz les gens des yeulx/
Ce ne sont pas mortiferes Aspics/
Mais ce sont bien Serpentz: qui vallent pis.
    Ce sont Serpentz enfles: enuenimes:
Mordantz: mauldictz: ardantz: & animes/
Iettantz vng feu: qua peine on peult estaindre:

De Marot.

Et en picquant dangereux a lattaindre,
Car qui en est picque:ou offense/
En fin demeure chetif:ou insense/
Cest la nature au Serpent plein depces/
Qui par son nom est appelle Proces.
Tel est son nom:q est de mort vne vmbre:
Regarde vng peu:en voyla vng grand nôbre
De gros:de grands:de moyens:a de gresles.
Plus mal faisante:que tempestes:ne gresles.
    Celuy:qui iecte ainsi feu a plante/
Veult enflammer quelcque grand parente
Celluy:qui tire ainsi hors sa languete/
Destruira brief quelcun:sil ne sen guete/
Celluy:qui siffle:a a les dents si drues/
Mordra quelcun:qui en courra les rues/
Et ce froit la:qui lentement se traine/
Par son venin a bien sceu mettre hayne
Entre la mere:a les mauluais enfans:
Car serpents froids sont les plus eschauffants
Et de tous ceulx:qui en ce parc habitent:
Les nouueaulx nays:qui senflent:a despitent/
Sont plus subiects a engendrer icy/
Que les plus vieulx. Voyre a quil soit ainsi
Le vieil Serpent sera tantost crcue/
Combien quil ait mainct lignage crcue.

Et cestuy la plus antique:quung Roc:
Pour reposer sest pendu a Vng croc:
Mais ce petit plus mordant/quune Louue/
Dix grandz Serpentz dessoubz sa pence couue:
Dessoubz sa pence il en couue dix grandz:
Qui quelcque iour seront plus denigrantz
Honneurs:& biens:que cil:qui les couua:
Et pour Vng seul:qui meurt:ou qui sen Va
En Viennent sept.Dont ne fault testonner
Car pour ducas la preuue te donner:
Tu doibs scauoir/quyssues sont ces bestes
Du grand Serpent Hydra:qui heut sept testes:
Contre lequel Hercules combattoit:
Et quand de luy Vne teste abbattoit:
Pour Vne morte en reuenoit sept Bisues.
    Ainsi est il de ces bestes noysifues:
Ceste nature il tiennent de la race
Du grand Hydra:qui au profond de Thrace/
Ou ilny a:que guerres:& contens:
Les engendra des laage:& des le temps
Du faulx Cayn.Et si tu quiers raison:
Pourquoy Proces sont si fort en saison:
    Scaiche/que cest faulte de charite
Entre Chrestiens.Et a la Verite:
Comment lauront dedans leur cueur fichee

De Marot.

Quand par tout est si froydement presché.
  A escouter voz Prescheurs bien souuent
Chapitre n'est:que donner au Couuent.
Pas ne diront:combien Proces differe
Au vray Chrestien:qui de tous se dict frere
Pas ne diront:qu'impossible leur semble
D'estre Chrestien:& plaideur tout ensemble.
Ayncois seront eulx mesmes a playder
Les plus ardantz.Et a bien regardé.
Vous ne vallez de guerre myeulx au Monde
Qu'en nostre Enfer:ou toute horreur abonde
  Doncques:Amy:ne t'esbahis:comment
Sergentz/Proces:viuent si longuement
Car bien nourriz sont du laict de la Lysse:
Qui nommée est du monde la malice/
Tousiours les a la Couppe entretenuz/
Et pres du cueur de son ventre tenuz.
Mais si ne veulx ie a ses faictz contredire:
Car c'est ma vie.Or plus ne t'en veulx dire:
Passe cest huys barré de puissant fer.
  A tant se teut le Ministre D'enfer/
De qui les motz voulontiers escoutoye:
Poinct ne me laisse:ains me tient:& costoye.
Tãt qu'il m'eust mys(pour myeulx estre a couuert)
Dedans le lieu par Cerberus ouuert:

Du plusieurs cas me furent ramentus/
Car lors allay deuant Rhadamantus
Par vng degre fort vieil:obscur/a salle.
Pour abzegerie trouue en vne salle
Rhadamantus(Iuge assis a son aise)
Plus enflamme:quvne ardante fournaise/
Les yeulx ouuers:les oreilles bien grandes:
Fier en parler:caut:beaup en demandes:
Rebarbatif:quand son cueur il descharge/
Bzief:digne destre aux Enfers en sa charge
    La deuant luy vient mainte Ame dampnee/
Et quand il dict/telle me soit menee/
A ce seul mot vng gros marteau carre
Frappe tel coup contre vng portal barre/
Quil faict crousler les tours du lieu infame.
    Lors a ce bruict:la bas ny a pauure Ame/
Qui ne fremisse:a de frayeur ne tremble/
Ainsi quau vent fueille de Chesne:ou Tremble:
Car la plus seure a bien crainte:a grand peur
De se trouuer deuant tel attrapeur.
Mais vng Ministre appelle:a nomme celle:
Que veult le Iuge. A doncques sauance elle/
Et si en va tremblant:morne:a pallie.
    Des quil la voit:il mitigue apallie
Son parler aigre:a en faincte doulceur

Luy dict ainsi. Dien ca:fais moy tout seur/
Je te supply:dung tel crime:a forfaict.
Je croiroys bien:que tu ne las poinct faict:
Car ton maintien nest que des plus gaillarde:
Mais ie veulx bien congnoistre ces paillarde
Qui auec toy feirent si chaulde esmorche.
Dy hardyment:as tu peur:quon te scorche?
Quand tu diras:qui a faict le peche:
Plus tost seras de noz mains despesche:
Dequoy te sert la bouche tant fermee:
Fors de tenir ta personne enfermee?
Si tu dys vray:ie te ieure:a promets
Par lehault Ciel:ou ie niray iamais/
Que des Enfers sortiras les brisees:
Pour ten aller aux beaulx champs Elysees:
Ou liberte faict viure les espzits:
Qui de compter verite ont appris.
Vault il pas mieulx doncques:q tu la comptes:
Que dendurer mille peines:a hontes?
Certes si faict. Aussi ie ne croy mye/
Que soys menteur:car ta phizionomie
Ne le dict poinct:a de mauluaise affaire
Seroit celluy:qui te vouldroit meffaire.
Dy moy:nais peur. Tous ces mots alleschantz
Font souuenir de loyselleur des champs;

Qui doulcement faict chanter son sublet:
Pour prēdre au bric loyseau nyce:ᴇ foyblet:
Lequel languist:ou meurt a la pippee:
Ainsi en est la paouure Ame grippee.
Si tel doulceur luy faict rien confesser:
Rhadamantus la faict prēndre:ou fesser:
Mais si la langue elle restaind:ᴇ mords.
Souuentesfoys eschappe peine:ᴇ mort.

    Ce nonobstant:si tost quil vient a veoir
Que par doulceur il ne la peult auoir:
Aulcunesfoys encontre elle il sirrite:
Et de ce pas selon le demerite/
Quil sent en elle:il vous la faict plonger
Au fons Denfer:ou luy faict alonger
Veines:ᴇ nerfs/ᴇ par tourmentz sefforce
A esprouuer:selle dira par force
Ce:que doulceur na sceu delle tirer.

    O Seres Ampz:ien ay veu martyrer.
Tant que pitie men mettoit en esmoy.
Parquoy vous pry de plaindre auecques moy
Les Innocens:qui en telz lieux damnables
Tiennent souuent la place des coulpables.

    Et vous enfantz suyuantz mauluaise vie
Retirez vous:ayez au cueur enuye
De viure aultant en facon estimee/

Qu'auez vescu en façon deprimee.
Quand le bon trein vng peu esprouuerez/
Plus doulx:que lautre en fin le trouuerez:
Si que par bien le mal sera vaincu/
Et du regret dauoir si mal vescu
Deuant les peulx vous viendra honte honneste
Et nen hairrez cil:quil vous admonneste:
Pource qualors ayantz discretion
Vous vous voyrrez hors la subiection
Des infernaulx:& de leurs entrefaictes:
Car pour les bös les Loix ne sont poinct faictes
 Venons au poinct. Le Iuge tant diuers
Vng fier regard me iecta de trauers:
Tenant vng port trop plus cruel:que braue/
Et dung accent imperatif:& graue
Me demandant ma naissance:& mon nom:
Et mon estat:Iuge de grand renom/
Responds ie alors/a bon droict tu poursuys/
Que ie te dye orendroit:qui ie suys:
Car incongneu suys des Vmbres iniques/
Incongneu suis des Ames Plutoniques/
Et de tous ceulx de ceste obscure voye/
Ou(pour certain) iamais entre nauoye:
Mais bien congneu suis des Vmbres Celiques/
Bien congneu suis des Vmbres angeliques/
  Lenfer,   E

Et de toutz ceulx de la tresclaire Voyez
Du Juppiter les desuoyes auoye:
Bien me congneut:a bien me guerdonnaz
Lozs qua sa Soeur Pallas il me donna:
Je dy Pallas la si sage:a si Belle:
Bien me congnoist la prudente Cybelle:
Mere du grand Juppiter amyable.

　　　　Quant a Luna diuerse:a Variable:
Trop me congnoist son faulx cueur odieux.
　　　　En la mer suis cogneu des plº haultz dieux:
Jusque aux Tritons:a iusque aux Nereides:
En terre aussi des Faunes:a Hymnides
Congneu ie suis. Congneu ie suis Dozphee/
De maincte Nymphe:a maincte noble Fee/
Du gentil Pan:qui les flustes manie:
De Egle:qui danse au ton de lharmonie/
Quand elle Voit les Satyres suiuantz:
De Dalathee:a de tous les seruantz:
Jusqua Tytire:a ses brebis camuses:
Mais par sus tout suis cogneu des neuf Muses
Et Dapollo:Mercure:a touts leurs filz
En Vraye amour:a science conficts.

　　　　Ce sont ceulx la(Juge)qui en briefs tours
Me mettront hozs de tes obscurs seiours:
Et qui pour Vray de mon ennuy se deulent.

De Marot.

Mais puis quenuie:z ma fortune veulentz
Que congneu sois:z saisy de tes laqs:
Sçaiche de vray:puis que demande las/
Que mon droict nom ie ne te veulx poinct taire
Si taduertis:quil est a toy contraire:
Comme eaue liquide au plus sec element:
Car tu es rude:z mon nom est Clement:
Et pour mohstrer:qua grand tort on me triste:
Clement nest poinct le nom de Lutheriste:
Ains est le nom(a bien linterpreter)
Du plus contraire ennemy de Luther:
Cest le sainct nom du Pape:qui accolle
Les chiens Denfer(sil luy plaist)dune estolle.
Le crains tu poinct? Cest celuy:qui afferme/
Qui ouure Enfer:quand il veult:z le ferme:
Celluy:qui peult en feu chauld martyrer
Cent mille esprits/ou les en retirer.
        Quand au surnom:aussi vray Queuâgille
Il tire a cil du Poete Vergille/
Iadis chery de Mecenas a Romme:
Maro sappelle:z Marot ie me nomme/
Marot ie suis:z Maro ne suis pas/
Il nen fut oncq depuis le sien trespas:
Mais puis quauons vng vray Mecenas ores/
Quelcque Maro nous pourrons veoir encoze.

	Et daultre part (dõt noz iours sõt heureux)
Le beau Verger des lettres plantureux
Nous reproduict ses fleurs: a grands ioncheez
Par cy deuant flaistries: a sticheez
Par le froid Vent dignorance: a sa tourbe/
Qui hault scauoir persecute: a destourbe/
Et qui de cueur est si dure/ou si tendre/
Que Verite ne Veult/ou peult entendre.
O Roy heureux/soubs lequel sont entrés
(Presque periz) les lettres: a Lettres.
	Entends apres (quãd au poinct de mõ estre)
q̃ Vers midy les haultz Dieux mõt faict naistre:
Ou le Soleil non trop excessif est:
Parquoy la terre auec honneur sy Vest
De mille fruicts: de mainte fleur: a plante:
Bacchus aussi sa bonne Vigne y plante
Par art subtil sur montaignes pierreuses
Rendants liqueurs fortes: a sauoureuses.
Maincte fontaine y murmure: a Vndoye/
Et en touts temps le Laurier y Verdoye
Pres de la Vigne: ainsi comme dessus
Le double mont des Muses Parnassus:
Dont sesbahyst la mienne fantasie/
Que plus desprite de noble Poesie
Ven sont yssuz. Au lieu: que ie declaire/

De Marot.

Le fleuue Lot coule son eaue peu claire;
Qui maintz rochiers trauerse;& enuironne;
Pour saller ioindre au droict fil de Garonne.
    A brief parler:cest Cahors en Quercy;
Que ie laissay pour venir querre icy
Mille malheurs:ausquelz ma destinee
Mauoit submie.Car vne matinee
Nayant dix ans en france sus meine:
La ou depuis me suis tant pourmeine;
Que ioubliay ma langue maternelle:
Et grossement apprins la paternelle
Langue francoyse es grande Cours estimee;
Laquelle en fin quelcque peu sest limee;
Suyuant le Roy Francoys premier du nom;
Dont le scauoir epcede le renom.
    Cest le seul bien:que iay acquis en france
Depuis vingt ans en labeur:& souffrance.
Fortune ma entre mille malheurs
Donne ce bien des mondaines valeurs.
Que dy ie las? O parolle soubdaine.
Cest don de dieu:non point valeur mondainez
Rien nay acquis des valeurs de ce Monde:
Dune maistresse:en qui gist:& abonde
Plus de scauoir parlant:& escripuant;
Quen aultre femme en ce Monde viuant.

L'enfer

C'est du franc Lys l'yssue Marguerite,
Grande sur terre/enuers le Ciel petite,
C'est la Princesse a lesprit inspire:
Au cueur esleu:qui de Dieu est tire
Mieulx(a men croye)que le festu de L'ambre
Et delle suis lhumble Varlet de chambre.
C'est mon estat/o Iuge Plutonique:
Le Roy des francs/dont elle est Soeur Vnique
M'a faict ce bien:a quelcque iour Viendra:
Que la ,Soeur mesme au frere me rendra.
    Or suis ie loing de ma Dame:a Princesse
Et pres dennuy:dinfortune:a destresse:
Or suis ie loing de sa tresclaire face.
Se elle fust pres(o cruel)ton audace
Pas ne se feust mise en effort de prendre
.Son seruiteur:quon na point Veu mesprendre
Mais tu Vois bien(dont ie lamente:a pleure)
Quelle sen Va(Helas)a ie demeure
Auec Pluton.a Charon nautonnier:
Elle Va Veoir Vng plus grand prisonnier.
Sa noble Mere ores elle accompaigne
Pour retirer nostre Roy hors Dhespaigne
Que ie souhaitte en ceste compaignie
Auec ta layde:a obscure mesgnie:
Car ta prison liberte luy seroit

Et comme Christ:les Ames puseroit
Hors des Enfers:sans en laisser vne Vmbre:
En ton aduis serois ie point du nombre?
Sainsi estoit:& la mere:& la fille
Retournetoient:sans que Hespaigne:& Castille
Delles receust les filz au lieu du pere.

    Mais quand ie pense a si grand impropere/
Quest il besoing/que soie en liberte:
Puis quen prison mon Roy est arreste?
Quest de besoing:quores ie sois sans peine:
Puis que dennuy ma maistresse est si pleine:

    Ainsi(peu pres) au Iuge deuisay:
Et en parlant vng Griffon taduisay.
Qui de sa croche:& rauissante pate
Escripuoit la tanste iour:& le dathe
De ma prison:& ce qui pouuoit duyre
A leur propos:pour me fascher:& nuyre/
Et ne sceut oncq/bien orthographier
Ce/qui seruoit a me iustifier.

    Certes:Amys:q cherchez mo recourse:
La coustume est des Infernalles courts/
Si quelcque esprit de gentille nature
Dient la dedans tesmoigner daduecture:
Aulcuns propos:ou moyens:ou manieres
Iustifiantz les Ames prisonnieres:

Il ne sera des Juges escoutté/
Mais Lourdement de son dict reboutté
Et escoutter on ne refusera
Lesprit maling: qui les accusera.
Si que celluy: qui plus faira dencombres
Par ses rappors aux malheureuses Ombres
Plus recepuera de recueil: & pecunes:
Et si tant peult en accuser aulcunes:
Quelles en soyent pendues/ou bruslees/
Les infernaulx feront saulte: & hullees/
Chaines de fer: & crochets sonneront/
Et de grand ioye ensemble tonneront
En faisant feu de flamme sulphuree
Pour la nouuelle ouyr tant malheuree.
    Le Griffon doncq en son Liure doubla
De mes propos ce: que bon luy sembla:
Puis se leua Rhadamanthus du siege/
Qui remener me feit au bas colliege
Des malheureux par la Voye: ou ie Vins.
Si les trouuay a milliers: & a Vingts:
Et auec eulx feis Vng temps demourance/
Fasche dennuy: console desperance.

        ¶ Fin de
      Lefer.

¶Sensuict La

prinse de Marot.

¶Le Rondeau/q̃ fut cause de sa prinse.

COmme inconstante:ꞇ de cueur faulse/e lasche.
Elle me laisse Or puis quainsi melasche
A Uostre aduis la doibs ie point lascher:
Certes ouy. Mais aultrement fascher
Ie ie ne lauculp:combien quelle me fasche.

Il luy fauldroict/au trein:que mener tasche
Des seruiteurs a iournee:ꞇ a tasche:
En trop de lieux Ueult son cueur attacher
    Comme inconstante.

Or pour couurir son grand Uice:ꞇ sa lachet
Souuent ma plume a la louer sattache:
Mais a cela ie ne Ueulx plus tascher
Car ie ne puis son mauluais bruict cacher
Si seurement:quelle ne le descache
    Comme inconstante.

¶La Ballade:quil feit en prison suyuant le ppos mesmes.

VNg iour iescriuy a Mamye
Son inconstance seullement:
Mais elle ne fut endormie

D.

A me le rendre chauldement.
Qui des theure tint parlement
A ie ne scay quel papelard:
Et luy a dict tout bellement:
Prenez le:il a mange le lard.

 Lors sip pēsarts ne failletmie
A me surprendre finement:
Et de tout(pour plus dinfamie)
Feirent mon emprisonnement.
Il vindrent a mon logement:
Lors ce va dire vng gros paillard
Par la morbieu voyla Clement:
Prenez le:il a mange le lard.

 Or est ma cruelle ennemye
Vengee bien amerement:
Reuenge nen veulp/ne demye.
Mais quād ie pense voyrement:
Elle a de lengin largement:
Dinuenter la science:a lart/
De crier sur moy haultement.
Prenez le:il a mange le lard.

 Prince:q neust dict pleinemēt
La trop grād chaleur:dōt elle ard
Jamais neust dict aulcunement/
Prenez le/il a mange le lard.

¶ Epiſtre:quil enuoya eſtãt a la priſon /A noſtre
maiſtre Bouchard docteur en Theologie.

Onne reſponſe a mon preſent affaire
Docte docteur. Qui ta induict a faire
Empriſonner depuis ſix moys en ça
Ung tien Amy:qui oncq ne toffenſa:
Et vouloir mettre en luy crainte:τ terreur
Daigre Iuſtice:en diſant:que lerreur
Tiens de Luther:Poinct ne ſuis Lutheriſte/
Ne zuinglien:τ moins Anabaptiſte.
Ie ſuis de dieu:par ſon filz Ieſuchriſt.

Ie ſuis celuy:qui ay faict mainct eſcript:
Dont ung ſeul vers on nen ſcauroit eptraire:
Qui a la loy diuine ſoit contraire.

Ie ſuis celluy:qui prends plaiſir:τ peine
A louer Chriſt:τ ſa mere tant pleine
De grace infuſe. Et pour bien leſprouuer:
On le pourra par mes eſcriptz trouuer.

Brief celluy ſuis:qui croit:honnore:τ priſe
La ſaincte /vraye:τ catholicque Egliſe.
Aultre doctrine en moy ne veulx bouter:
Ma loy eſt bonne. Et ſi ne fault doubter:
Qua mon pouuoir ne la priſe:τ epaulce
Veu quung Payen priſe la ſienne faulſe.

Que quiers doncq:o Docteur catholicque?
Que quiers tu doncq:As tu aulcune picque
Encontre moy:ou si tu prends saueur
A me trister dessoubz aultruy faueur:

Je croy:que non:mais quelq faulx entendre
Ta faict sur moy telle rigueur estendre.
Doncques restrains de ton courage lire.

Que plust a Dieu:quozes tu peusses lire
Dedans ce corps de franchise interdict/
Le cueur Verroys aultre:quon ne ta dict.

A tât me tais:cher Seigneur nostre maistre/
Te suppliant a ce coup amy mestre:
Et si pour moy a raison tu nes mys:
Fays quelcque chose au moins pour mes amys:
En me rendant par Vne hors boutee
La liberte:laquelle mas ostee.

Epistre a son Amy Lyon Jamet.

IE ne tescry de lamour Vaine:& folle/
Tu Voys assez:selle sert:ou affolle:
Je ne tescry ne darmes:ne de guerre:
Tu Voys:qui peult bien:ou mal y acquerre:
Je ne tescry de Fortune puissante:
Tu Voys assez:selle est ferme:ou glissante:
Je ne tescry dabus trop abusant:

Tu en scais prou:q si nen vas vsant
Je ne tescry de Dieu:ne sa puissance:
Cest a luy seul ten donner congnoissance:
Je ne tescry des Dames de Paris:
Tu en scais plus:que leurs propres marys
Je ne tescry:qui est rude ou affable:
Mais ie te veulx dire vne belle fable:
Cest asscauoir du Lyon & du Rat.

    Cestuy Lyon plus fort:quung vieil verrat
Veit vne foys:que le Rat ne scauoit
Sortir dung lieu:pour aultant quil auoit
Mange le lard:& la chair toute crue:
Mais ce Lyon(qui iamais ne fut Grue)
Trouua moyen:& maniere:& matiere
Donglees:& dentz:de rompre la ratiere:
Dont maistre Rat eschappe vistement/
Puis mist a terre vng genoul gentement
Et en ostant son bonnet de la teste:
A mercye mille foys la grand beste:
Jurant le Dieu des Souritz:& des Ratz:
Quil luy rendroit. Maintenant tu verras
Le bon du compte. Il aduint dauenture:
Que le Lyon:pour chercher sa pasture:
Saillit dehors sa cauerne:& son siege:
Dont(par malheur)se trouua prins au piege.

Et fut lie contre ung ferme poſteau.
    Adonc le Rat:ſans ſerpe:ne couſteaux
J arriua ioyeulx:& eſbauby:
Et du Lyon(pour vzay)ne ſeſt gauby:
Mais deſpita Chats/Chattes/& Chatons/
Et priſa fort Ratz/Rattes:& Ratons.
Dont il auoit trouue temps fauozable
Pour ſecourir le Lyon ſecourable:
Auquel a dict:tays toy Lyon lie:
Par moy ſeras maintenant deſlye:
Tu le vaulx bien:car le cueur ioly as/
Bien y parut:quand tu me deſlias:
Secouru mas fort Lyonneuſement.
Oz ſecouru ſeras rateuſement.
    Lozs le Lyon ſes deux grands yeulx veſtit
Et vers le Rat les tourna ung petit:
En luy diſant:o pauure Verminiere:
Tu nas ſur toy inſtrumēt:ny maniere/
Tu nas couſteau/ſerpe/ne ſerpillon/
Qui ſceuſt coupper cozde/ne cozbillon:
Pour me iecter de ceſte eſtroicte voye:
Da te cacher:que le chat ne te voye.
    Dyze Lyon(dict le filz de Souris)
De ton propos(certes) ie me ſoubzis:
Jay des couſteaulx aſſez:ne te ſoucie/

De bel os blanc plus trenchant:quune Lye,
Leur gaine/cest ma genciue/z ma bouche
Bien coupperont la corde:qui te touche:
De si trespres:car ie y mettray bon ordre.

        Lors syre Rat va commencer a mordre
Le groz lien:vray est:quil y songea
Asses long temps:mais il vous rongea
Souuent:z tant:qua la parfin tout rompt:
Et le Lyon de sen aller fut prompt/
Disant en soy:nul plaisir(en effect)
Ne se perd poinct:quelcque part ou soit faict:
        Voyla le compte en termes rithmasses
Il est bien long:mais il est vieil asses.
Tesmoing Esope:z plus dung million.
        Or vien me veoir:pour faire du Lyon:
Et ie mettray priue/sens/z estude
Destre le Rat/exempt dingratitude/
Jentende/si Dieu te donne aultant daffaire/
Quau grand Lyon:ce quil ne vueille faire.

CRondeau parfaict/enuoye a ses Amys apres sa
deliurance/le premier iour de May.

EN liberte maintenant me pourmeine/
Mais en prison pourtant ie fus cloue/
Voila:comment Fortune me demeine/
        Cest bie/z mal. Dieu soit de tout loue.

La Prinse de Marot.

Les Enuieulx ont dict, que de Nous
Rien sortiroie: que la Mort les emmeine:
Maulgre leurs dents le neud est desnoue
En liberte maintenant me pourmeine.

Pourtāt si iay fasche la court Rōmaine
Entre meschans ne fus oncq alloue:
Des bien fames iay hante le dommaine
Mais en prison pourtant ie fus cloue.

Car aussi tost: que fus desavoue
De celle la: qui me fut tant humaine:
Bien tost apres a sainct Pris fus Voue:
Doylaudment Fortune me demeine.

Ieus a Paris prison fort inhumaine:
A Chartres fus doulcement encloue:
Maintenāt Voys: ou mō plaisir me meine
Cest biē: a mal. Dieu soit de tout loue.

Au fort. Amye: cest a Vous bien ioue:
Quand Vostre main hors du per me rameine.

Escript a faict dung cueur bien enioue
Le premier iour de la Verte Sepmaine.
                            En liberte.

Fin de la Prinse
De Marot.

LES CANTI

ques de la paix

par Clement

Marot,

Pour la venue de Lempereur en France
Ensemble le cantique de la Royne
Sur la maladie & conualescence du Roy.

Par ledit marot.

Imprime Nouuellement En lan mil cinq
cens quarante.

A.

La Chrestiente a

CHARLES EMPEREVR
Et a Francoys Roy De France.
S.c.

Approche toy Charles (tãt loing tu soys)
Du magnanime & puissant roy Francoys
Approche toy Frãcoys (tãt loing soys tu)
De Charles plein de prudẽce & vertu/
Nõ pour tous deux en bataille vous ioindre.
Ne par fureur de voz lances vous poindre.
Mais pour tirer paix la tant desiree
Du ciel treshault: la ou sest retiree.
Si Mars cruel vous en feistes descendre.
Ne pouez vous le faire condescendre.
A sen aller: pour ca bas donner lieu
A paix la belle: humble fille de dieu:
Certainement si vous deux ne le faictes.
Du monde sont vaines les entrefaictes.
Recepvez la: princes chevalereux.
Pour faire nous (voyre vous) bien heureux.
Ce vous sera trop plus dhonneur & gloire.

Le canticque de la

ROYNE SVR LA MALADIE
Et Conualecence du
Roy, Par Ma
rot.

Sebbahit on si ie suis esploree?
Sebbahit on si suis descoloree.
Voyant celluy qui ma tant honoree?
Estre a la mort?
O seigneur Dieu tire son pied du bort
Dobscure tombe/ou bien(pour mon support)
Auecques luy faiz moy passer le port
Du mortel fleuue.
Donne a tous deux en vng iour tube neuue
A celle fin quen deux mortz ne sesmenue.
Quung dueil funebre/a que Frace nespreuue
Dueil apres dueil.
Ne soit(helas)ce myen larmoyant oeil.
Si malheureux:que de veoir au sercueil
Jecter celluy qui en si doulx accueil
Ma couronnee.

Qui ma sur chief la couronne donnee
La plus dhonneur & gloire enuironnee:
Dont au iourdhuy leurope soit ornee
O tout puissant,
    Si pitie nas de mon cueur languissant.
Si pitie nas du bon Roy perissant
Ayes pitie du peuple gemissant
Par ta clemence.
    Laisse meurir la royalle semence.
Sans que voyant leptre decadence.
Du pere.estant au sommet de prudence
Pour dominer.
    As tu basty pou apres ruyner?
As tu voulu planter & iardiner
Pour ton labeur parfaire epterminer?
O quelle perte.
    Si elle aduient soit la terre couuerte
Dair tenebzeux/plus ne soit lherbe verte/
Soit toute bouche:ou muette/ou ouuerte
Pour faire crys.
    Soient de regretz tous volumes escriptz.
Tragicques soient tous escripuans espritz.
Et rien ne soit celle qui a le pris
Destre nommee.
    Femme dung Roy de si grand renommee/

Rien plus ne soit/que poulbre consamee.
Poulbre auec luy(touteffois)inhumeee
Ce bien iauray.
     Ainsi tousiours sa compaigne seray/
A son coste sans fin reposeroy:
Et de langueur mexperimenteray.
La longue paine.
Mais pourquoy suis ie ainsi de douleur plaine:
Est esperance en moy ou morte/ou Vainee
Ce tout puissant par sa bonte humaine:
Ce guerira.
     Noz cueurs bien tost de lyesse emplira/
Car monseigneur encor ne perira.
Ains par longs iours son peuple regira/
Cest ma fiance.
     Croistra ses faictz/pays: et aliance.
Puys ayant tout fonde sur asseurance.
Ira plein dans prenbre sa demeurance
La hault es cieulx.
     Quest ce mes gens pourquoy torchez voz yeulx
Quel nouueau pleur:quel maintien soucieulx.
Faict on encor ? Vien mon dieu gracieulx/
Haste toy sire:
     Ientens que mort mon amy veult occire:
Sa force fonb ainsi quau feu la cire/

Dont tout bõ cueur barbe & cheueulx deſſire.
Faiſant regretz.

Semblent Troyẽs de nuict ſurpris des grecz
Semblent Romains Voyans (oultre leurs grez)
Ceſar occis par traiſtres indiſcretz
Ha dieu mon pere.

Sil eſt ainſi qua ta loy iobtempere.
De monſeigneur les angoiſſes tempere.
En me faiſant ainſi quen toy teſpere
A ceſte fois.

Or a mon dieu denhault ouy ma Voix
Et mys a fin leſpoir quen luy iauois.
Sus: ſuyuez moy: au temple ie men Voys
Luy rendre graces.

Oſtez ce noir: oſtez moy ces prefaces
Chantans des mortz / oſtez ces triſtes faces.
Il neſt pas temps que ce grand dueil tu faces.
Pays heureux.

Le ciel na pas eſte ſi rigoureux
De ſenrichir pour poure & langoreux.
Te Veoir ca bas: Ton treſor Valeureux
Il te redonne:

Vy doncques France encor ſoubz la courõne.
Qui le chef meur & prudent enuironne.
Tandis la fleur de ieuneſſe fleuronne.

Es cueurs Royaulx /cela est vng presaige.
Que dieu nous veult mõstrer sõ doulx visaige
Et que la paix debaris Nice traictee:
Est vne paix pour iamais arrestee.
L'arc qui est painct de cẽt couleurs aux cieulx.
Quand on le voit /ne demonstre pas mieulx.
Signe de pluye en temps sec attendue.
Ne la verdure au printemps espandue
Parmy les champs /si bien ne monstre point.
Que les beaulx fruictz viẽdrõt tost a appoint.
Comme la veue en France signifie
Que pour iamais la paix se fortifie
Arriere donc. Royne Penthasilee
Maintenant est ta gloire abutchilee:
Car deuant Troye allas pour guerroyer:
Marie vient pour guerre fouldroyer.
        Ainsi disoit France a Espaigne aussi
Des que lon sceut que de venir icy
Tu proposas /a creut leur ioye /apres
Que pour partir ilz virent les apresstz.
Puis quand tu fuz es brankee a partie.
Leur plaisir creut dune grande partie.
Et te voyant toute venue en ca
A redoubler leur ioye commença.
Laquelle ioye en eulx nay apperceue
Tant seulement: mais sentie a conceue

Dedans mon cueur:tesmoing lescript present
Plein de lyesse:et de tristesse exempt:
    Taduertissant que quand paix ne seroit
Ja pour cela France ne lasseroit
A desirer ta venue honoree:
Pour les vertuz dont tu es decoree/
Combien(pourtât)que peuples et prouinces
Sont de nature enclins a aymer princes:
Qui comme toy sont amys de concorde.
Et ennemys de guerre:et de discorde
Ce qui plus tost entre aux cueurs feminins
(Dautant qui sont doulx piteulx et begnins)
Que ceulx des roys/qui pour hôneur acquerre
Sont inclinez a prouesse et a guerre.
    Doncques Saba Royne prudente et meure/
Qui as laisse ton peuple et ta demeure/
Pour venir veoir en riche et noble arroy.
Le Salomon de France:nostre roy/
Ie te supply par la grande lyesse
Du bien de paix:si tay prins hardiesse:
De bienuergner vne dame si haulte:
Ne lestimer presumption ne faulte/
En imitant le grant prince des anges.
Lequel recoit aussi tost les louanges/
Du plus petit que du plus hault monte,
Quand le cueur est plein dardante bonte.

CLEMENT

marot sur la

Uenue De Lempereur en
France.

O R est Cesar qui tant dhonneur acquit
Encor vng coup en ce beau monde ne:
Or est Cesar qui les Gaules conquit.
Encor vng coup en Gaule retourne.
De legions non point enuironne.
Pour guerroyer/mais plain damour nayue
Non point au vent Laigle noir couronne.
Non point en main le glaiue/mais Loliue/
Francoys a luy viennent droict de la riue
Du Loyre,a Seine:affin de Paris veoir/
Et auec eulx Guerre meinent captiue:
Qui a discord les souloit esmouuoir:
Lung(pour au faict de ses pays pouruoir)
Passe par cy,sans peur ne deffiance.
Lauttre de cueur trop hault pour deceuoir.
                                        B.

Luy donne loy de commander en France.
Si que lon est en dispute & doublance
Qui a le plus de hault lotz merite.
Ou de Cesar la grande confiance.
Ou de Francoys la grant fidelite.
O Roys Vnie/plus que daffinite.
Bien heureuse est la gẽt qui nest point morte.
Sans Veoir premier Voftre ferme Vnite.
Qui le repos de tant de monde porte
Dieu donc Cesar/& Vne paix apporte
Perpetuelle/entre nous/& les tiens.
Haulse (Paris) haulse bien hault ta porte
Car entrer Veult le plus grãd des Chzeftiẽts.

Daauoir chascun quelque grosse victoire.
Recepuez la:car si vous la fuyez
Elle dira que serez ennuyez
De voz repos:& que portez enuie
A la doulceur de vostre heureuse vie.

    Si pitie donc(o princes triumphans)
Vous ne prenez des peuples voz enfans.
(Dont reciter lestat calamiteux
Seroit vng cas trop long & trop piteux)
Si deulx nauez commiseration.
A tout le moins ayez compassion
Du noble sang & de France & despaigne.
Dedans lequel ce cruel Mars se baigne.

    Mars cy deuant souloit taindre ses dars.
Dedans le sang de voz simples souldars
Mais maintenant(o Dieu quel dur esclandre)
Plaisir ne prend fors a celluy espandre
Des nobles Chefz:meritans diademes;
Et si respand souuent le vostre mesmes
Faisant seruir les haulx princes:de butte
Au vil souldart tyrant de hacquebutte
Si que de Mars ne sont plus les Trophees
Fors enrichiz darmes bien estoffees.
Plus ilz ne sont garniz & decorez.
Que de harnoys bien poliz & dorez

Qui disent bien:la despouille nous sommes
De grans seigneurs/z de vertueulx hommes.
    O quantz z quelz de voz plus fauoris
Sont puis dix ans en la guerre peris,
O quantz encor en verrez defuyer.
    Si a ce coup Paix ny vient obuier.
    Que pensez vous: cherchez vous les moyens.
De voz malheurs,nobles Princes Troyens:
Ja pour tenir ou voz droictz:ou voz tortz,
    Sont ruez ius voz plus vaillans Hectors
Gardez quen fin ie qui suis Vostre Troye
Du puissant grec ne deuienne la proye.
    Estimez vous que ce grand Eternel
Ne voye bien du manoir supernel:
Les grandz debatz dune z dautre partye
Ne scauez vous quung bon pere chastie
Pl⁹ tost les siens/que les desauouez:
Si maintenant faictes ce que pouez
Paix descendra portant en main lollue
Laurier en teste:en face couleur bluel/
Tousiours riant/claire comme le iour.
Pour venir faire en mes terres seiour.
    Et Mars souille tout de sang z de pouldre/
Deslogera plus soubdain que la fouldre
Car il nest cueur(tant soit gros) qui ne treble/

Si voz vouloirs sentent vniz ensemble.
   Vienne sur champs Mars auec son armee
Vous presenter la bataille fermee.
Il la perdra/Ainsi doncques vniz
Et de pitie paternelle muniz.
Vous eslirez quelque bien heure lieu.
La ou viendra de vous deux au milieu
Pallas sans plus/Pallas(a sa venue)
Vous couurira dune celeste nue/
Pour empescher que les malings trompeurs
Dheureuse paix trop malheureulx rompeurs.
Ne puissent veoir les moyens que tiendrez
Alors quau poinct tant desire viendrez.
   Si qui seront toutacoup esbahys
Que sur le soir lung & lautre pays
Reluyra tout de beaulx feuz de lyesse/
Pour le retour de paix noble deesse:
Et que rendray(sans que Mars men retarde)
Graces au ciel/O mon Dieu quil me tarde.
Approche toy Charles(tant loing tu sois)
Du magnanime & puissant Roy Francoys.
Approche toy Francyos(tant loing soys tu)
De Charles plain de prudence & vertu.

Clemēt marot a

la Royne De Hongrie Venue en
France.⁖.S.⁖.

Q Uant toute France aura faict son deuoir.
  De la haultesse en ioye receuoir:
  (Chaste Diane enntmpe doyseuse
Et de honorable epetcice amoureuse)
Je(de ma part)le plus petit de tous
Menhardyray humble salut & doulp.
Te presenter:non en Voip & parolle.
Qui parmy lair auec le Vent senuolle:
Mais par escript:qui contre le temps dure
Autant ou plus que fer ou pierre dure
Je dy escript faict des muses sacrees/
Qui scauent bien qua lire te recrees.
Escript(pour Vray)que sil nest immortel.
Le tient Marot le desire estre tel/
Pour saluer par epistre immortelle
Celle de qui la renommee est telle.

    D. combien fut le peuple resiouy
Despaigne & France/apres auoir ouy
Quicy Venoys:cela nous est Vng signe
(Ce disoient ilz)quel amour senracine

Pour faire fruict.

Soit locean calme/sans Vent:sans bruyt.
Sechee aux champs soit toute herbe qui nuyt
Comme le iour soit luysante la nuyt.
Tout dueil se taise.

Ne pleurons plus/si ce nest de grand ayse.
Puis quenuers nous lire de Dieu sappaise.
Tant nous aymant/que de mortel mesaise
Tyrer le Roy.

Escriuez tous(Poetes)cest effroy.
Et le hault bien dont dieu nous faict octroy.
Vous ny fauldrez:& ainsi ie le croy.
Ha poures Muses:

Sil fust pery: vous estiez bien camuses
Doncques(Enfans)descriuez les confuses.
Voyans celluy ou elles sont infuses
Esuanouyt.

Puis tost apres faictes les resiouyr.
Quand on leur faict les nouuelles ouyr.
De la sante dont dieu le faict iouyr.
Tant desiree.

Faictes pallas passe/& fort dessiree.
Mars tout marry.sa personne empiree.
En appellant Datropos trop iree.
Comme dabbue.

Puis tout a coup:chantez comment Phebus
Luy mesmes Va par les preaulx herbus
Herbes cueillir:fleurs ⁊ boutons barbus
Fueille/⁊ racine.

Pour faire ou Roy lheureuse medecine:
Prise dessoubz tant beniuolle Signe:
Que no' verrõs son chief blãc cõme vng Cigne
A laduenir:

Cela chante/Vous fauldra souuenir/
De faire Mars tout ioyeulx deuenir/
Et a Pallas la couleur reuenir/
Non plus marrye.

Faictes que toult pleure fort:⁊ pl⁹ ries
Ainsi que moy Vostre dame cherie:
Certes souuent de grande fascherie
Grand plaisir vient.

Ainsi ferez:⁊ mieulx sil en souuient:
Mais a la fin de Vostre ouure accomplie:
Auecques moy conclurre Vous conuient.
Que iamais Dieu ceulx qui layment noublie.

Finis.

9 782329 675749